LES DOSSIERS HACHETTE

L'espace

cycle 2

ISABELLE CARLIER
PROFESSEUR DES ÉCOLES
ANGÉLIQUE LE VAN GONG
PROFESSEUR DES ÉCOLES

hachette
ÉDUCATION

Crédits photographiques

Rabat avant : © Nicolas Tavernier / REA ; École Jean Monnet - ville de La Farlède © Mairie de la ville de La Farlède ; © Frédéric Prochasson / Fotolia.com. **Garde arrière :** *Étretat* © Christian Musat / Fotolia.com ; *Lille* © Franck Crusiaux / REA ; *Saint-Christophe* © Uolir / Fotolia.com ; *Alpes* © Jarry / Tripelon / Gamma-Rapho ; *Marseille* © Ignatus Wooster / Fotolia.com ; *Massif central* © Joël Damase / Explorer / Gamma-Rapho ; *Pyrénées* © Cindy Roland / Fotolia.com ; *Île de Ré* © Bernard Girardin / Fotolia.com ; *La Baule* © Alain Le Bot / Photononstop ; *Beauce* © X BEGUET / Fotolia.com. **Rabat arrière :** © PackShot / Fotolia.com ; © Ocean / Corbis ; © Brad Pict / Fotolia.com. **P. 5 :** © el lobo - Fotolia.com. **P. 7 h :** ©Juice Images/ Corbis. **P. 7 b :** ©KaliNine LLC - Getty Images. **P. 8 h :** © Buena Vista Images / Getty Images. **P. 8 b :** ©Pascal Stritt / Hoa-Qui / Gamma-Rapho. **P. 10 hg, hd, m, bg, bd :** © J.-L. Klein & M.-L. Hubert / Biosphoto. **P. 11 h, b :** Visions of our land / Getty Images. **P. 12 h, b :** © Isabelle Carlier. **P. 13 h, b :** © Isabelle Carlier. **P. 14 h, b :** © Nicolas Tavernier / REA. **P. 15 :** © Isabelle Carlier. **P. 16 h, b :** © Isabelle Carlier. **P. 17 :** © Nicolas Tavernier / REA. **P. 18 h :** © AAU Mastrandreas / Déborah Golfier. **P. 18 b :** © Mellow10 / Fotolia.com. **P. 19 hg :** © Frederic Maigrot / REA. **P. 19 hd :** © Patrick Allard / REA. **P. 19 bg :** © Nicolas Tavernier / REA. **P. 19 bd :** © Martin Bureau / AFP Photo. **P. 20 hg, hd, b :** © Déborah Golfier. **P. 21 h :** © Google.com. **P. 21 bg :** © Baptiste Fenouil / REA. **P. 21 bd :** © Sébastien Ortola / REA. **P. 22 hd, hg :** © Angélique Le Van Gong. **P. 22 b :** © Nicolas Tavernier / REA. **P. 23 h :** © Jean-Pierre Clatot / AFP Photo. **P. 23 b :** © Hamilton / REA. **P. 24 g :** © Dmitrydesigner / Fotolia.com. **P. 24 m :** © Geargodz / Fotolia.com. **P. 24 d :** © JackF / Fotolia.com. **P. 26 h :** © Lydie Lecarpentier / REA. **P. 26 b :** © Gilles Paire / Fotolia.com. **P. 27 h :** © B. Boissonnet / BSIP / AFP Photo. **P. 27 m :** © Daniel Janin / AFP Photo. **P. 27 b :** © Gilles Rigoulet / Hemis.fr / AFP Photo. **P. 28 h :** © Patrice Blot / Leemage. **P. 28 b :** ©Franck Guiziou / Hemis.fr / AFP Photo. **P. 29 :** Milky / Wikimedia Commons. **P. 30 hg, hd :** © René Commère. **P. 30 bg :** ©air-images.net. **P. 30 bd :** © Jean-Christophe Bardot / Le bar Floréal. **P. 31 h, b :** © Mairie de la ville du Val de Reuil **P. 32 h :** © Franck Crusiaux / REA. **P. 32 b :** © Raphael Demaret / REA. **P. 33 h :** © Lydie Lecarpentier / REA. **P. 34 h :** © Pierre Gleizes / REA. **P. 34 bg :** © Frederic Maigrot / REA. **P. 34 bd :** © Christophe Lehenaff / Getty Images. **P. 36 h :** © Taylor S. Kennedy / Getty Images. **P. 36 m :** © Laurent Cerino / REA. **P. 36 b :** © Russell Montford / Getty Images. **P. 37 h :** © Boris Horvat / AFP Photo. **P. 37 b :** © Laurent Cerino / REA. **P. 38 h :** © Ignatus Wooster / Fotolia.com. **P. 38 b :** © Ian Hanning / REA. **P. 39 h :** © Uolir / Fotolia.com. **P. 39 b :** © Mairie de la ville de Saint-Christophe. **P. 40 h :** © Wibowo Rusli / Getty Images. **P. 40 b :** © John Elk III / Getty Images. **P. 41 hg :** © Reza Estakhrian / Getty Images. **P. 41 hd :** © X BEGUET / Fotolia.com. **P. 41 bg :** © Pascal Sittler / REA. **P. 41 bd :** © Christian Guy / Hemis.fr / AFP Photo. **P. 42 h :** © Franck Guiziou / Getty Images. **P. 42 m :** © UIG / Getty Images. **P. 42 b :** © Mick Rock / Cephas / Photononstop. **P. 43 h :** © wasansrisawat / Fotolia.com. **P. 43 b :** © François Gilson / Biosphoto. **P. 44 g, d :** © Monty Rakusen / Cultura Creative / AFP Photo. **P. 46 :** © Yann Arthus Bertrand / Altitude. **P. 47 h :** © Romain Cintract / Getty Images. **P. 47 m :** © Kruwt / Fotolia.com. **P. 47 b :** © Christian Musat / Fotolia.com. **P. 48 h :** © Alain Le Bot / Photononstop. **P. 48 b :** © Bernard Girardin / Fotolia.com. **P. 49 h :** © Nicolas Thibaut / Photononstop. **P. 49 m :** © Pascal Sittler / REA. **P. 49 b :** © DreanA / Fotolia.com. **P. 50 h :** © Olivier Dugomay / Ifremer. **P. 50 m :** © Kristine T Pham Photography / Getty Images. **P. 50 b :** © Pierre Huguet-Dubief / Biosphoto. **P. 51 :** © Fabien Michenet / Biosphoto. **P. 52 :** © Yann Arthus Bertrand / Altitude. **P. 53 h :** © Jarry / Tripelon / Gamma-Rapho. **P. 53 m :** © Olympixel / Fotolia.com. **P. 53 b :** © Joël Damase / Explorer / Gamma-Rapho. **P. 54 h, b :** © Pierre Jacques / hemis.fr / Getty Images. **P. 55 h :** © Pierre Jacques / hemis.fr / Getty Images. **P. 55 m :** © Julien Rousset / Fotolia.com. **P. 55 b :** © Cindy Roland / Fotolia.com. **P. 56 hg :** © Gamma Rapho / Getty Images. **P. 56 hd :** © Sami Sarkis / Getty Images. **P. 56 bg :** © PhotoAlto / Christophe Lemieux / Getty Images. **P. 56 bd :** © François Perri / REA. **P. 57 :** © Olivier Gerhard / Getty Images. **P. 58 :** © Planet Observer / UIG / AgeFotostock. **P. 59 :** © Bruno Zemor / Photononstop. **P. 60 :** © Planet Observer / UIG / Age Fotostock. **P. 62 hg :** © Mechanik / Fotolia.com. **P. 62 hd :** © Stocktrek / Getty Images. **P. 62 b :** idesign2000 / Fotolia.com. **P. 63 :** Doug Armand / Getty Images.

Édition : Déborah GOLFIER
Création de la maquette de couverture : Laurent CARRÉ et Estelle CHANDELIER
Exécution de la maquette de couverture : TYPO-VIRGULE
Illustration de la couverture : Alain BOYER
Création de la maquette intérieure : Laurent CARRÉ
Mise en pages : TYPO-VIRGULE
Illustrations : Alain BOYER pictos « Sommaire » et « Lexique », illustrations garde-avant, pages 24 et 25 ; Camille BURGER illustrations pages 6 et 9 ; Gilles POING plans et carte garde-arrière, pages 44 et 45 ; Nathalie DESVERCHÈRES fonds matière des bandeaux et des « Bloc-notes ».
Cartographie : DOMINO (Nathalie GUÉVENEUX)
Recherche iconographique : Déborah GOLFIER
Fabrication : Marine WIPLIER

ISBN : 978-2-01-118137-4

PAPIER À BASE DE FIBRES CERTIFIÉES

hachette s'engage pour l'environnement en réduisant l'empreinte carbone de ses livres. Celle de cet exemplaire est de :
400 g éq. CO_2
Rendez-vous sur www.hachette-durable.fr

AVANT-PROPOS

Se repérer dans l'espace est une partie importante du programme 2008 de découverte du monde au cycle 2, dans le cadre du palier 1 du socle commun. Ce **DOSSIER** permet l'acquisition par les élèves de repères portant sur la notion d'espace. Grâce à l'observation de représentations simples (photographies, maquettes, plans…), les élèves feront l'analyse de milieux qui leur sont proches et connus tels que leur école, leur quartier, leur ville ou leur village. Les élèves découvriront ensuite d'autres milieux et des paysages plus lointains avec l'étude de documents portants sur la comparaison entre l'urbain et le rural, les paysages littoraux et montagnards. Enfin, la découverte de la planète Terre et de ses caractéristiques géographiques permettra d'en aborder ses formes usuelles de représentation. Au cours de leurs observations, les élèves seront amenés à utiliser un vocabulaire précis.

Ce **DOSSIER** est découpé en 9 chapitres. Chacun s'organise en trois doubles pages qui traitent des grandes thématiques du programme :

– Les deux premières doubles pages abordent chacune une problématique à partir de différents documents tels que des photographies, des illustrations, des cartes… Les enfants observent les documents et répondent à des questions qui accompagnent leur réflexion et les aident à construire leurs connaissances.

– La troisième double page, intitulée « *À la loupe…* », permet d'aborder l'espace traité dans le chapitre sous un point de vue spécifique. Elle s'achève par un « Bloc-notes » qui fait le point sur les connaissances acquises dans le chapitre. Les mots importants et/ou difficiles sont indiqués en rouge et expliqués dans le lexique.

Après les chapitres 3 et 6, une double page « *À la manière de…* » propose des réalisations qui aident à structurer l'espace :

– savoir observer l'espace et se situer sur un plan grâce à un rallye-photo ;

– élaborer le plan simple d'un appartement afin de comprendre ce qu'est un espace organisé.

À la fin de l'ouvrage, un lexique reprend les différents mots expliqués dans chaque chapitre.

Les auteurs

Sommaire

L'espace

MA PLACE

MON QUARTIER

MA CLASSE

LA VILLE

MON ÉCOLE

LA VILLE ET LA CAMPAGNE

Quelle place occupes-

Un espace est un lieu dans lequel tu occupes une position.
Tu peux expliquer l'endroit où tu te trouves grâce à tout ce qui t'entoure.

Document 1 : Un square.

1. Où est la petite fille avec la robe rose (Document 1) ?
2. Où se cache le garçon avec des lunettes ?
3. Où est le garçon avec la casquette ?
4. Qui est sous le toboggan ?

Document 2 :
Une ronde.

5. Qui est à la gauche du garçon au tee-shirt jaune ?
6. Qui est à la droite de la petite fille au tee-shirt rayé ?
7. Où est placé l'homme au tee-shirt blanc ?

Document 3 :
Un jeu de tir à la corde.

8. Qui est devant la petite fille au tee-shirt violet ?
9. Qui est derrière ?
10. Entre qui et qui le garçon au tee-shirt rose est-il situé ?

Comment te déplaces-tu

**Tu ne restes pas toujours immobile : tu bouges.
Quand tu te déplaces d'un endroit à un autre, tu peux prendre des directions différentes.**

Document 1 :
Des panneaux de direction.

1. Observe le Document 1.
Vers quelles villes te diriges-tu si tu vas vers la droite ?

2. Faut-il aller à gauche ou à droite pour aller à Monaco ?

Document 2 :
Un quartier de petites maisons.

3. Repère la maison rose et la maison verte.
Explique quel chemin tu peux prendre pour aller de la maison rose à la maison verte.

dans l'espace ?

Document 3 : Un parcours de motricité.

4. Que doivent faire les enfants ?

5. Quels objets y a-t-il sur le parcours ?

6. Quels sont les objets sur lesquels les enfants doivent passer ?

7. Que fait la petite fille sur le parcours ?

8. Que vont faire les enfants avant d'arriver à la poutre ?

À la loupe : l'espace vu par

(a) De face.

(b) De profil.

(c) De dos.

Document 1 : Un poulain.

1. Où le photographe se trouvait-il par rapport au poulain quand il a pris les photographies (Document 1 (a), (b) et (c)) ?

(d) De profil.

(e) De dessus.

Document 2 : Un chat.

2. Où était le photographe pour prendre les photographies du chat (Document 2 (d) et (e)) ?

un photographe

(f) De près.

(g) De loin.

Document 3 : Une maison à la montagne.

3. Sur quelle photographie du Document 3 vois-tu le mieux la maison ? Pourquoi ?

4. Que vois-tu de plus sur la photographie (g) ?

LEXIQUE

Position : place qu'occupe un objet ou une personne.

BLOC-NOTES

La place dans l'espace

Dans l'espace, quand tu es immobile, tu occupes une **position** par rapport aux autres personnes ou aux objets qui t'entourent. Tu peux te trouver à droite ou à gauche de quelqu'un, au-dessus ou au-dessous de quelque chose, devant ou derrière…

Les mots que tu utilises pour expliquer où tu te trouves servent également à situer les autres personnes ou les objets par rapport à toi.

Le déplacement dans l'espace

Dans l'espace, tu peux bouger et te déplacer. Pour aller d'un endroit à un autre, tu te déplaces en prenant une direction. Tu peux te diriger vers la droite, vers la gauche ou aller tout droit… Tu peux prendre différentes directions les unes à la suite des autres.

Lorsque tu te déplaces, tu peux rencontrer des obstacles. Tu les évites en passant par-dessus ou à côté, par exemple.

Le point de vue du photographe

Le photographe observe ce qui l'entoure avant de se placer pour prendre sa photographie. Il peut se placer devant, derrière, à côté ou au-dessus de ce qu'il veut photographier.

Plus il se place près, plus il a de détails sur sa photographie. Plus il est loin, plus il a une large vue.

Qu'est-ce

Une classe est une pièce de l'école. Cet espace est limité par des murs, des fenêtres, une porte. À l'intérieur, tu trouves des meubles. Selon l'endroit où tu te places, tu ne vois pas la même chose.

Document 1 : Une classe vue de la porte d'entrée.

Document 2 : Une classe vue du fond.

1. Observe le Document 1. Où le photographe s'est-il placé pour prendre cette photographie ?

2. Observe le Document 2. Que vois-tu quand tu es au fond de la classe ?

qu'une classe ?

Document 3 :
Une classe
vue du tableau.

3. Observe le Document 3.
Que vois-tu quand tu es dos au tableau ?

4. Compare les Documents 1, 2 et 3. Que constates-tu ?

Document 4 :
Une petite bibliothèque.

5. Sur quelle photographie de la classe peux-tu voir la petite bibliothèque du Document 4 ?

6. Fais la liste des meubles de la classe que tu vois sur le Document 1.

Comment représenter

Pour voir une classe en entier, il faut plusieurs photographies.
Si tu veux représenter tout ce qui compose une classe,
tu peux réaliser une maquette.

Document 1 : Une classe avec des élèves.

1. Quelles différences vois-tu entre les Documents 1 et 2 ?

Document 2 : Une classe sans élèves.

2. Quels meubles vois-tu dans cette classe ?

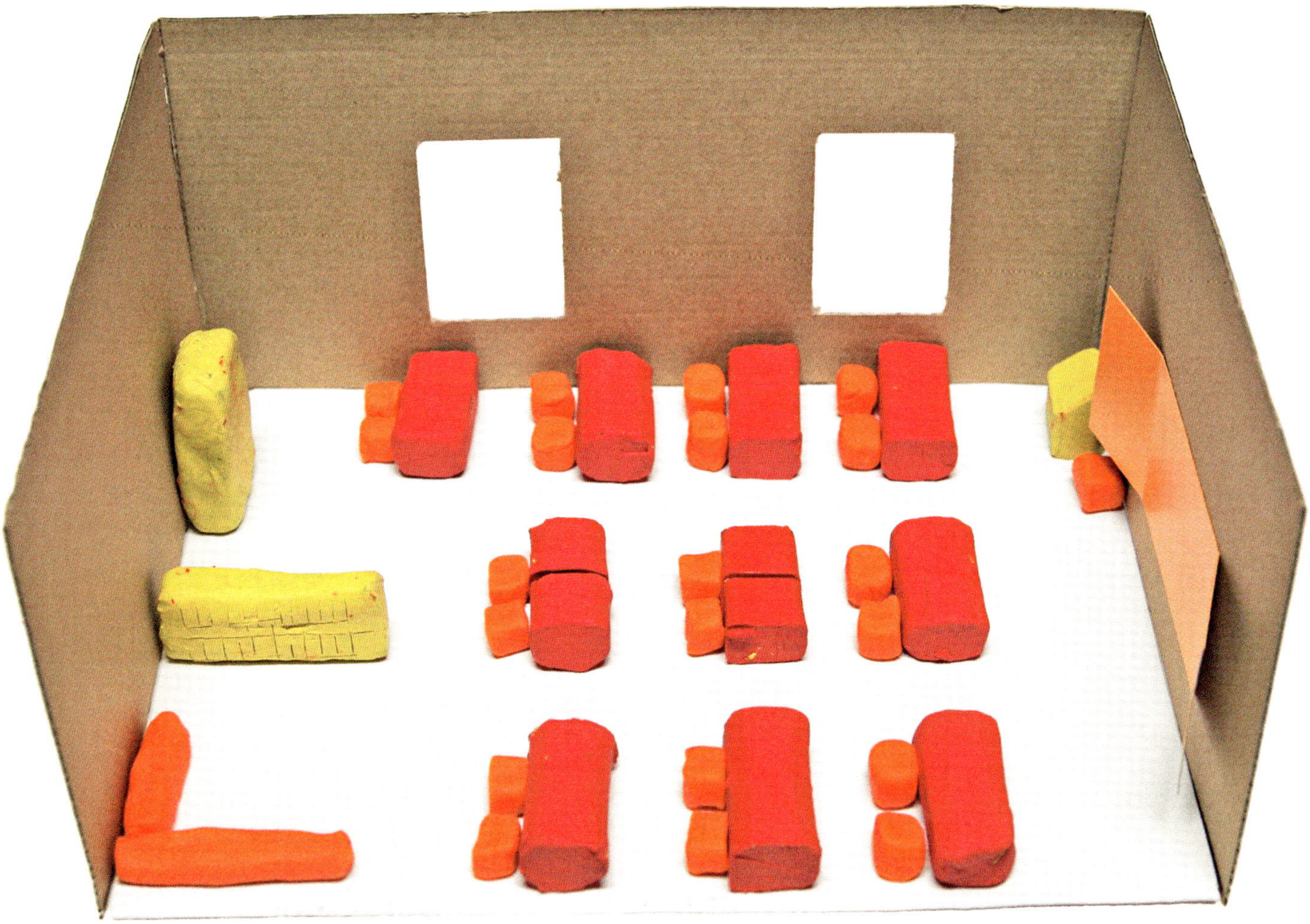

Document 3 : La maquette de la classe.

3. Observe les Documents 2 et 3. Où se trouve le tableau dans la maquette ?

4. Que représentent les morceaux de pâte à modeler rouge ?

5. Quelle est la différence entre le Document 3 et le Document 4 ?

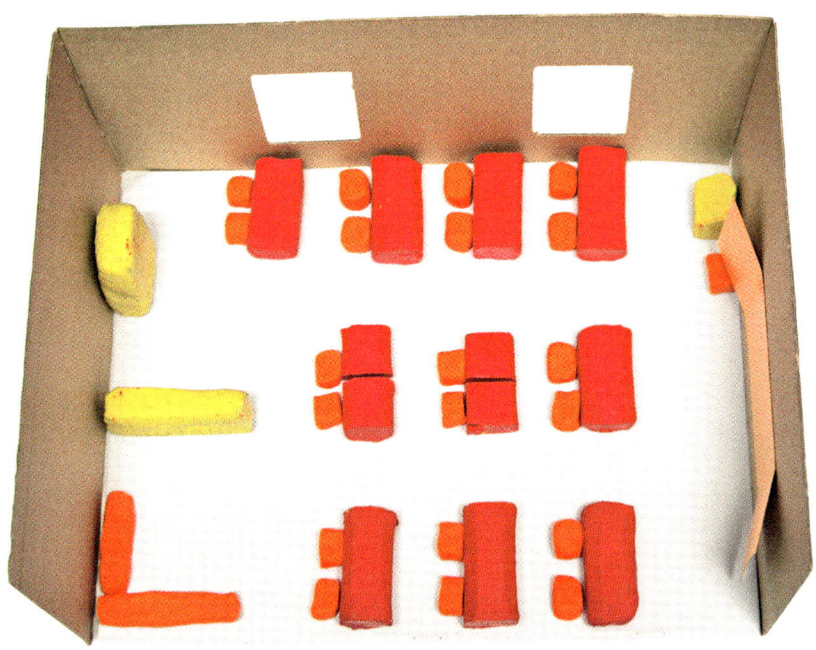

Document 4 : La maquette de la classe vue du dessus.

Document 1 :
Une classe avec des tables en lignes.

Document 2 :
Une classe avec des tables placées pour former un U.

par la maîtresse

Document 3 : Une classe avec des tables groupées.

1. Observe les Documents 1, 2 et 3. Comment les tables sont-elles placées dans chacune de ces classes ?
2. À ton avis pourquoi les maîtresses ont-elles organisé leurs classes de cette manière ?
3. À laquelle de ces classes la tienne ressemble-t-elle ?

LEXIQUE

Représentation : copie de quelque chose sous la forme d'un dessin, d'une maquette, d'un plan, d'une carte…

Maquette : représentation en volume et en modèle réduit d'un objet, d'une maison...

BLOC-NOTES

L'observation de la classe

Pour représenter l'espace qui nous entoure, il faut le regarder attentivement et définir les éléments qui le composent.

Une classe est composée de murs, d'ouvertures (les portes et les fenêtres) et de meubles (chaises, tables, bureau, armoires…). Les personnes et les petits objets (cahiers, cartables, stylos, trousses…) ne composent pas une classe.

La représentation de la classe

Pour voir une classe en entier, il faut plusieurs photographies. Aussi, pour la représenter en entier de façon simple, il est possible d'en réaliser une **maquette**.

Cette maquette représente la classe en modèle réduit et en volume. Elle permet de voir l'ensemble de ses éléments d'un seul coup d'œil. La maquette permet également d'avoir une vue de la classe d'en haut.

L'organisation de la classe

Toutes les classes ne sont pas organisées de la même manière. Chaque maître (ou maîtresse) place ses meubles comme il le souhaite. Cela dépend si il veut que les enfants travaillent seuls, en petits groupes ou tous ensemble.

Qu'est-ce

**Une école est un lieu où tu vas pour apprendre.
C'est un lieu organisé pour faire différentes activités :
travailler, jouer, manger, faire du sport...**

Document 1 :
Une école à Nogent-sur-Marne.

Document 2 :
Une école à Geispitzen.

1. Observe les Documents 1 et 2.
Quelle école te paraît ancienne ?

2. D'où ces photographies ont-elles été prises ?

3. Ton école ressemble-t-elle à l'une de ces écoles ? Décris-la.

qu'une école ?

Document 3 : Une cour de récréation.

Document 4 : Une cantine.

Document 5 : Une salle de classe.

Document 6 : Un couloir.

4. Que vois-tu sur les Documents 3, 4, 5 et 6 ?
5. Que font les élèves dans chacun de ces lieux ?
6. Quels adultes peux-tu y trouver ?
7. Quels sont les autres lieux que tu trouves dans ton école ?

Où se situe

L'école peut être près ou loin de l'endroit où tu habites. Souvent elle est entourée d'autres bâtiments : immeubles, maisons, commerces...

Document 1 : L'école élémentaire de la rue Littré.

Document 2 : La plaque de la rue Littré.

1. Observe le Document 1. Décris l'entrée de cette école.
2. Dans quelle rue cette école se situe-t-elle ? Quelle photographie te l'indique ?

Document 3 : L'autre côté de la rue, en face de l'école.

3. Que vois-tu de l'autre côté de la rue (Document 3) ?

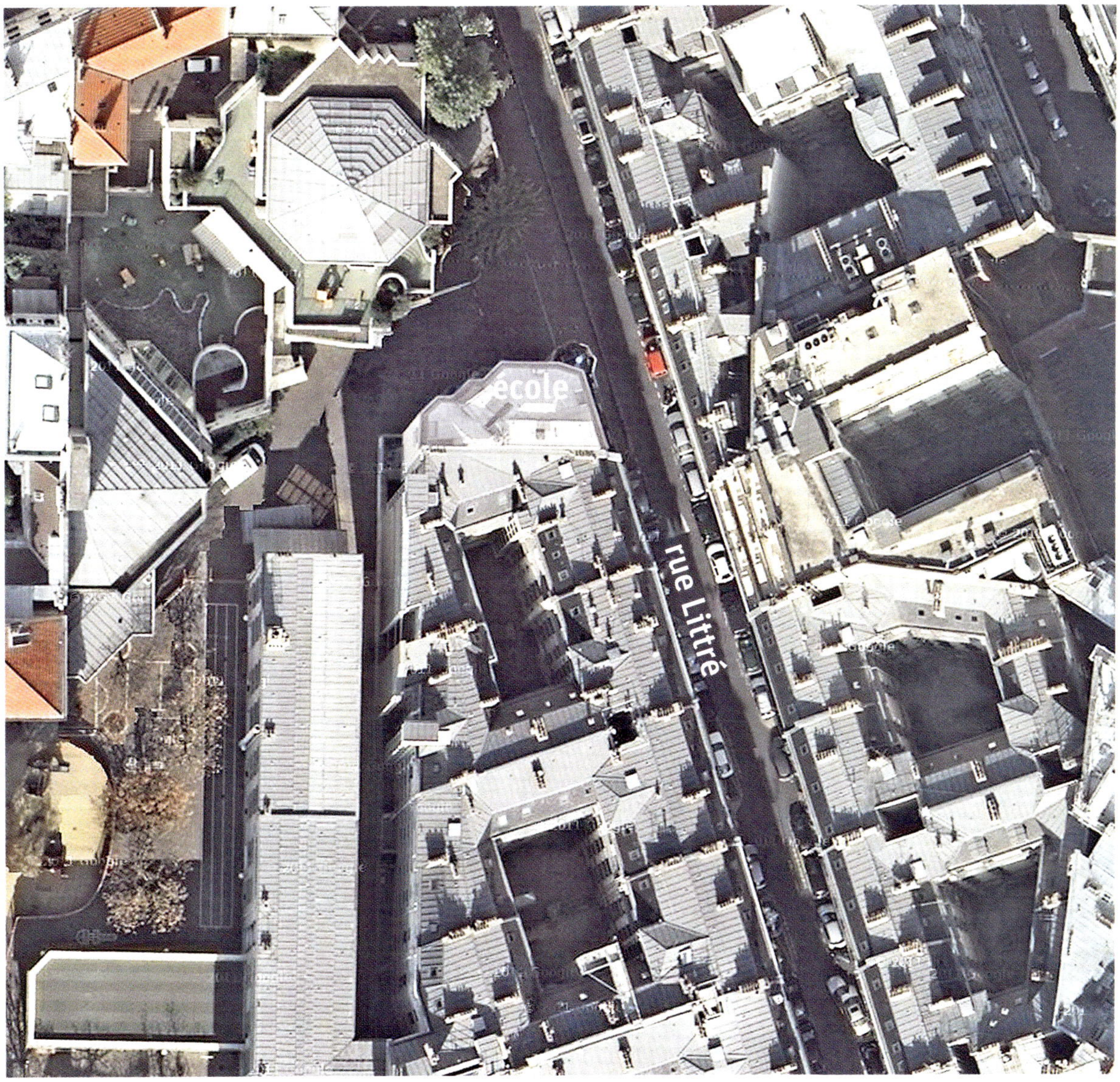

Document 4 : La rue Littré vue du ciel.

4. D'où cette photographie (Document 4) a-t-elle été prise ?

5. Où se trouve l'école ?

Document 5 : Des panneaux.

6. Observe ces panneaux (Document 5 ⓐ et ⓑ) ? Qu'indiquent chacun d'eux ?

7. À qui s'adresse le panneau ⓐ ?

À la loupe : l'école vue

Document 1 : Le bureau de la directrice.

1. Que vois-tu sur le Document 1 ?
2. Quel est le rôle du directeur ou de la directrice d'école ?

Document 2 : La salle des maîtres.

3. Qui sont les personnes dans la salle des maîtres ?
4. À ton avis, que font-elles ?

Document 3 : Un passage piéton à la sortie d'une école.

5. Que fait la personne avec le gilet fluo ?
6. Pourquoi est-ce très utile ?

Document 4 : Une dame de service.

7. Où est cette dame ?

8. Que fait-elle ?

Document 5 : Un panneau.

9. À qui ce panneau s'adresse-t-il ?

LEXIQUE

Lieu organisé : espace séparé en plusieurs activités.

BLOC-NOTES

L'école

Une école est un **lieu organisé** où les enfants vont pour apprendre.

On y trouve : des salles de classe pour travailler, une cour de récréation pour jouer, une cantine pour manger, une bibliothèque pour lire…

Une école peut être un bâtiment ancien ou moderne. Sa taille varie selon le nombre d'élèves.

Autour de l'école

En ville, l'école est située dans une rue. Elle est entourée d'autres bâtiments : immeubles, magasins… Il y a toujours des panneaux pour indiquer sa présence.

Le plus souvent, les élèves habitent près de l'école.

Les adultes et l'école

Dans l'école, les adultes s'occupent des élèves et de leurs activités : les maîtres et les maîtresses, les dames de service, le cuisinier… et la directrice qui s'occupe de toute l'organisation de l'école.

À la sortie de l'école, il y a toujours un adulte pour surveiller les élèves et assurer leur sécurité. Des panneaux signalent aux automobilistes de ralentir ou de s'arrêter pour les laisser passer.

Je découvre la règle du jeu d'un rallye-photo

Ce jeu se joue à plusieurs équipes.

Il doit se dérouler dans un lieu bien délimité. Cela peut être à l'intérieur, dans une maison ou dans un bâtiment d'une école, ou en extérieur, dans la cour de récréation ou dans un square.

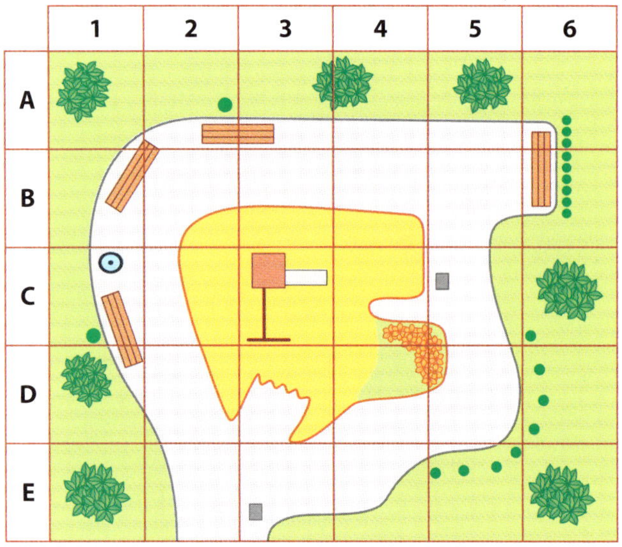

Chaque équipe reçoit :
- 1 plan du lieu choisi ;
- et 3 à 5 photographies prises dans ce lieu.

Le but du jeu est :
- de trouver à quel endroit précis chacune des photographies a été prise ;
- puis de repérer cet endroit sur le plan ;
- et enfin de noter la case du plan au dos de la photographie (le banc : B6).

L'équipe qui a trouvé la case qui correspond à chacune de ses photographies a gagné.

Le rallye-photo se fait en temps limité. Il faut compter 1 h pour chercher 4 photographies. Il est possible de rendre le rallye plus difficile en choisissant des photographies prises sous un angle de vue inhabituel.

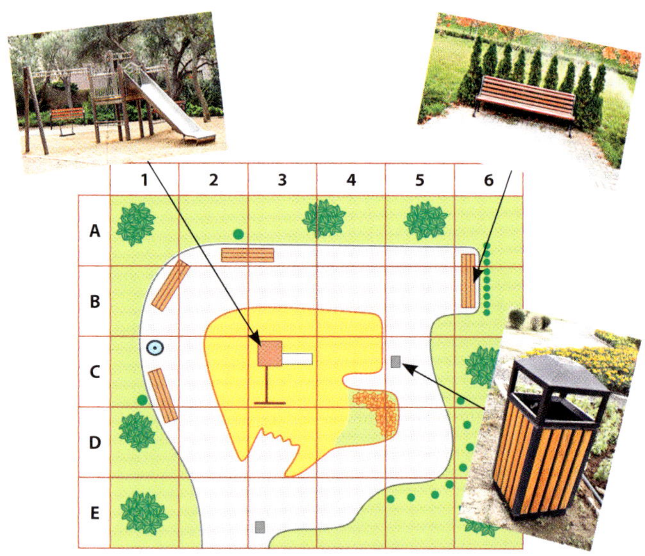

J'ORGANISE UN RALLYE-PHOTO AVEC MA CLASSE

Ton maître ou ta maîtresse va choisir l'endroit où aura lieu le rallye-photo, par exemple, la cour de récréation. Il va aussi dessiner le plan qui servira à chacune des équipes.

Étape 1 – Définis, avec tes camarades, comment va se dérouler le rallye-photo.

Combien d'équipes va-t-il y avoir ?	...... équipes
Combien de photographies vont être distribuées à chaque équipe ?	...... photographies
Combien de temps va durer le rallye ?	...... heure

Étape 2 – Constitue les équipes.

- Prends une grande feuille et divise-la en autant de colonnes qu'il y a d'équipes.
- Donne une couleur à chaque équipe (bleu, vert, orange...).
- Indique, dans chaque colonne, le nom des participants.

Étape 3 – Prends les photographies et choisis-les.

- Avec ton maître ou ta maîtresse, va dans la cour de récréation réaliser 2 ou 3 photographies. Cherche des éléments qui sont uniques et qui ne changent jamais de place. Par exemple : une porte, un arbre, un banc, une poubelle, une plaque d'égout, une gouttière...
- Une fois les photographies prises, réunis-toi avec les autres camarades de ton équipe. Regardez ensemble ces photographies et choisissez celles qui seront distribuées à une autre équipe.
- Notez au dos la couleur de l'équipe à qui elles seront distribuées et donnez-les au maître.

Voilà, le rallye-photo est prêt.

Quand le rallye est terminé, avec toute la classe, notez combien de photographies ont été correctement situées par chaque équipe. L'équipe gagnante est celle qui en a trouvé le plus.

Qu'y a-t-il

Ton quartier, c'est l'espace qui entoure l'endroit où tu habites. Tu y trouves des bâtiments d'habitation, des commerces, des écoles, des jardins... et des rues pour y circuler.

Document 1 : Des immeubles.

1. Quels types de bâtiments vois-tu sur les Documents 1 et 2 ?
2. À quoi servent ces bâtiments ?
3. Quels types d'habitations y a-t-il autour de chez toi ?

Document 2 : Des maisons.

dans mon quartier ?

Document 3 : Une pharmacie.

4. Quel commerce vois-tu sur le Document 3 ?

5 Comment le reconnais-tu ?

6. Quels types de commerces y a-t-il près de chez toi ?

Document 4 : Une banque.

7. Qu'est-ce qu'une banque ?

8. À ton avis, que fait la femme sur le Document 4 ?

Document 5 : Un jardin public.

9. Où se trouvent ces personnes ?

10. Que font-elles ?

Ton quartier, c'est l'endroit où tu vis. Tu as besoin de t'y déplacer. Pour mieux te repérer, tu peux utiliser un plan.

Document 1 : Une photographie aérienne du quartier de la place Victor Hugo à Grenoble.

1. D'où cette photographie a-t-elle été prise (Document 1) ?
2. Décris ce que tu vois.

Document 2 : La fontaine de la place Victor Hugo.

3. Que montre le Document 2 ?
4. Cherche cet endroit sur le Document 1. Où se trouve-t-il ?

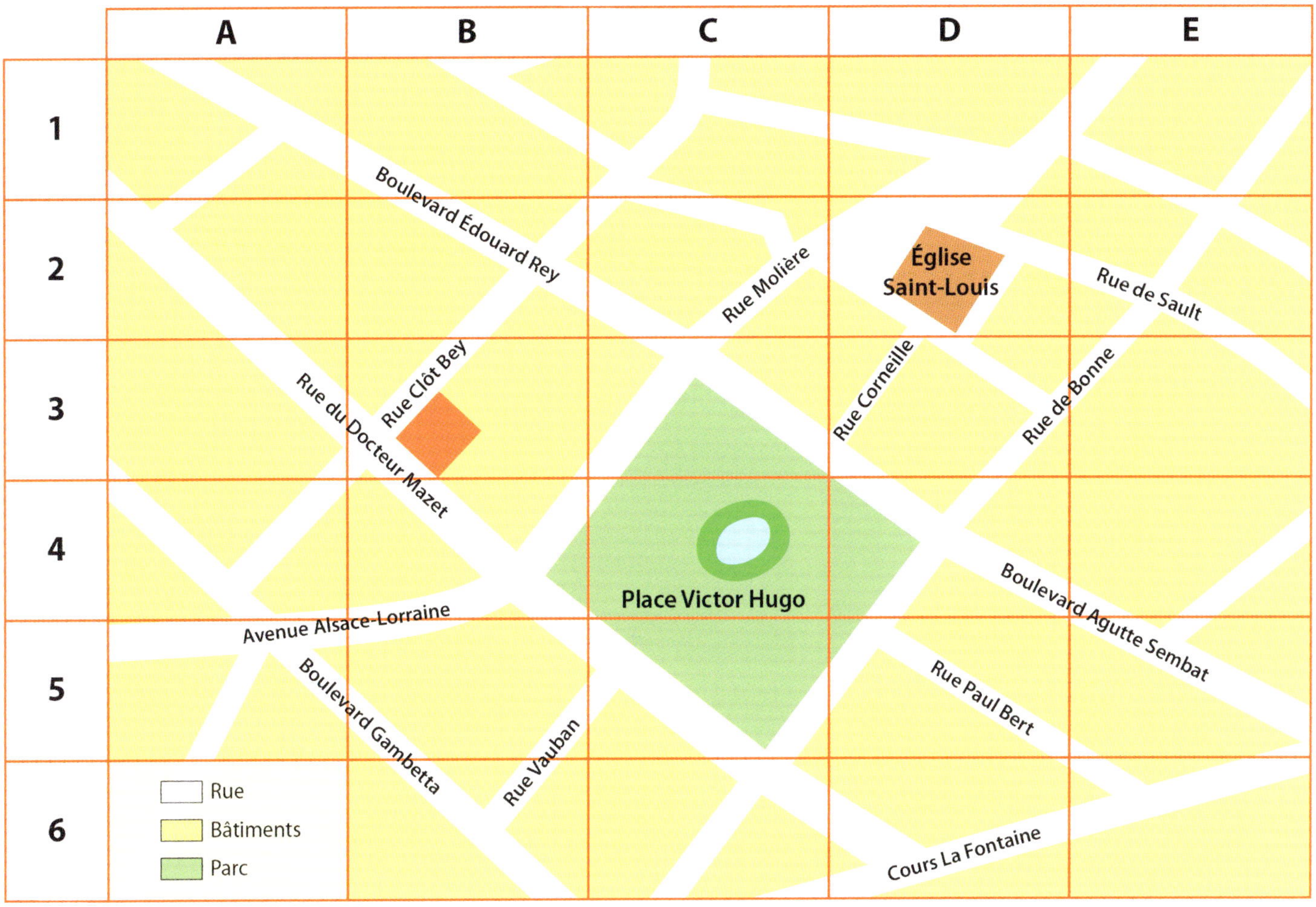

Document 3 : Le plan du quartier de la place Victor Hugo à Grenoble.

5. Que représente le Document 3 ?

6. Dans quelle case du plan est situé le bâtiment orange ?

7. Où se trouve la fontaine du Document 2 sur le plan ?

Document 4 : L'église Saint-Louis.

8. Dans quelle case cette église (Document 4) est-elle située sur le Document 3 ?

9. Cherche cette église sur le Document 1.

À la loupe : le quartier vu par

(a) Autrefois, vers 1960.

(b) Aujourd'hui.

Document 1 : La rue Laprat à Firminy.

1. Observe le Document 1 ((a) et (b)).
Quel bâtiment reconnais-tu sur les deux photographies ?

2. Qu'est-ce qui est différent sur ces deux photographies ?

(c) Une photographie aérienne du quartier aujourd'hui.

(d) La maquette du futur quartier.

Document 2 : Le quartier des Batignolles à Paris.

3. Observe le Document 2 ((c) et (d)).
Quels immeubles vont rester dans le futur quartier ?
Quels types de bâtiments vont être construits ?

un urbaniste

(e) Autrefois, vers 1990.

(f) Aujourd'hui.

Document 3 : **Le quartier des Falaises au Val-de-Reuil.**

4. Que s'est-il passé entre le moment où la photographie (e) a été prise et le moment où la photographie (f) a été prise ?

LEXIQUE

Habitation : endroit où l'on vit.

Urbaniste : personne qui s'occupe de l'organisation des quartiers dans une ville et de leur construction.

BLOC-NOTES

Le quartier

Un quartier est une partie d'une ville. C'est l'endroit où tu habites avec tout ce qui l'entoure. Il regroupe :

– des bâtiments d'**habitation** : des maisons ou des immeubles ;

– des commerces : boulangerie, coiffeur, pharmacie... mais aussi banque, bureau de poste... ;

– des endroits pour tes activités : l'école, les jardins publics…

On s'y déplace le plus souvent à pied.

Le plan d'un quartier

Pour se repérer et se déplacer dans un quartier, on peut utiliser un plan. Un plan est un dessin qui représente un lieu vu du dessus. Il montre les bâtiments, les rues et les jardins. Il indique les noms des rues, des places et des bâtiments importants comme les églises, les musées…

Le quartier du passé au futur

Les quartiers changent. Ils se transforment pour devenir plus modernes : les vieilles maisons sont remplacées par des immeubles et les petites rues par de grandes avenues.

C'est le métier des **urbanistes** d'imaginer les quartiers de demain. Pour nous les montrer, ils construisent des maquettes.

Qu'est-ce

La ville est un lieu où vivent un grand nombre de personnes.
Elle regroupe des quartiers différents. Les activités y sont très variées.

Document 1 : La Grand-Place à Lille.

1. Observe le Document 1.
Qu'y a-t-il autour de la place ?
2. À ton avis, que font tous ces gens ici ?

Document 2 : Une rue à Saint-Germain-en-Laye.

3. Quels commerces vois-tu dans cette rue ?

qu'une ville ?

Document 3 : L'hôpital Rangueil à Toulouse.

4. À quoi sert un hôpital ?

5. Pourquoi l'ambulance va-t-elle à l'hôpital ?

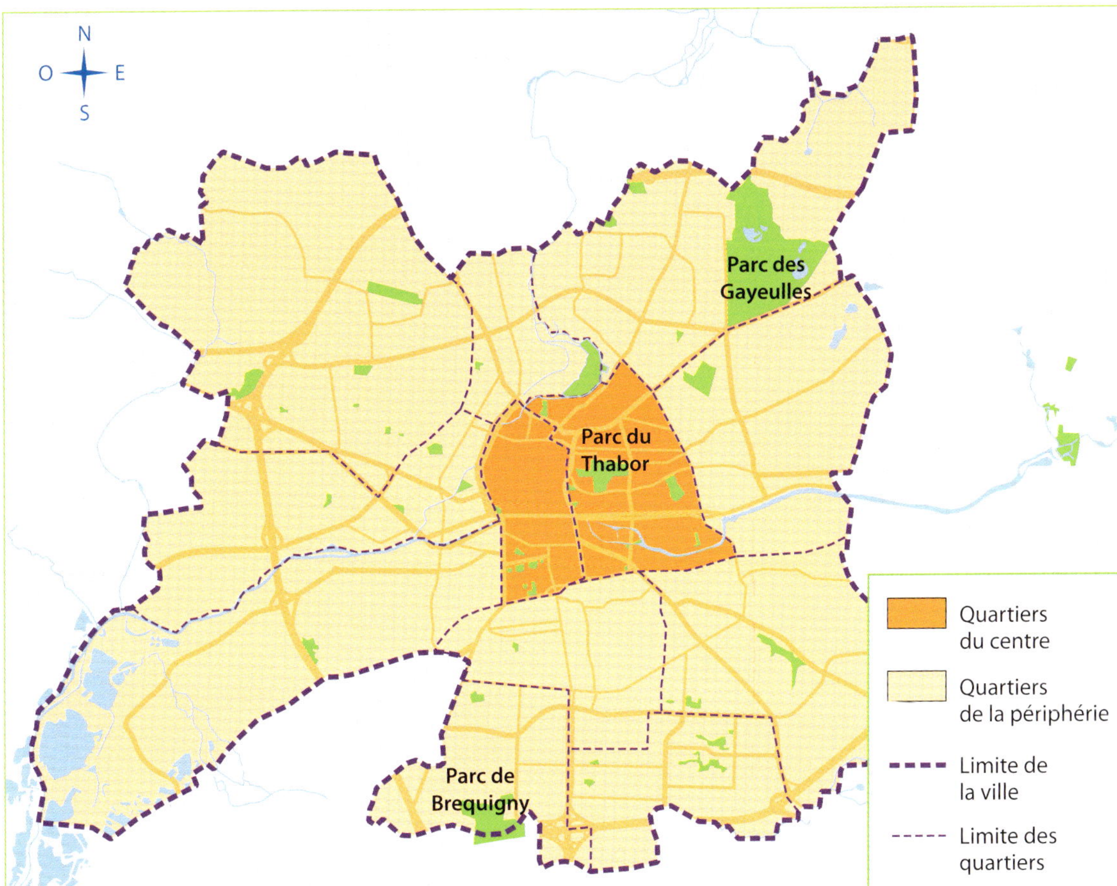

Document 4 : Le plan de la ville de Rennes.

6. Que montre le Document 4 ?

7. Combien de quartiers le centre-ville compte-t-il ?

Comment se déplace-t-on

Les villes sont souvent très grandes.
Il faut donc utiliser un moyen de transport pour s'y déplacer : bicyclette, voiture, autobus... Parfois la circulation est difficile.

Document 1 : Une rue avec de la circulation.

1. Quels moyens de transport les personnes utilisent-elles pour se déplacer sur le Document 1 ?

Document 2 : Un tramway.

Document 3 : Des bicyclettes sur une piste cyclable.

2. Observe les Documents 2 et 3. Quelles différences y a-t-il entre ces deux moyens de transport ?
3. Quel autre moyen de transport du même type que le tramway connais-tu ?
4. Quels moyens de transport y a-t-il près de chez toi ?

Document 4 : Le plan des lignes de tramway de la ville de Strasbourg.

5. Que représente ce plan ?
6. Qu'indique chaque rond blanc ?
7. Sur quelle ligne se trouve la station « Aristide Briand » ?

À la loupe : la ville vue par

Document 1 : Le quartier du centre de Montpellier.

1. Quels types de bâtiments vois-tu sur le Document 1 ?
2. Sont-ils anciens ou modernes ?

Document 2 : Un quartier de la périphérie de Lyon.

3. À quoi servent ces différents bâtiments sur le Document 2 ?

Document 3 : Le quartier d'affaires de La Défense à Paris.

4. Comment sont les bâtiments sur le Document 3 ?
5. À ton avis, que font ces gens ?

Document 4 : Un quartier commercial.

6. Que vois-tu le plus comme bâtiments dans ce quartier ?

Document 5 : Un quartier industriel.

7. Qu'y a-t-il dans ce quartier ?

LEXIQUE

Métro : train qui circule sous terre dans une ville.

Tramway : train qui circule dans les rues d'une ville.

BLOC-NOTES

La ville

Une ville est un espace qui regroupe un grand nombre d'habitants. On y trouve des habitations, mais aussi tout ce dont les habitants ont besoin pour y vivre et y travailler : des commerces, des hôpitaux, ainsi que des bureaux…

Sur une carte, on voit que la ville comporte souvent un quartier central, le centre-ville, et plusieurs quartiers autour.

Se déplacer en ville

En ville, les habitants se déplacent à pied ou utilisent des moyens de transport comme la bicyclette, la voiture, l'autobus, le **métro**, le **tramway**…

Des moyens de transport comme l'autobus ou le métro suivent toujours le même chemin. Pour connaître ces chemins, les habitants ont des plans.

Des quartiers différents

Les villes sont partagées en plusieurs quartiers.

Le centre-ville est souvent le quartier le plus ancien. C'est le centre historique, où se trouvent les églises anciennes, les vieilles maisons...

Autour se trouvent des quartiers d'habitations, des quartiers de bureaux, des quartiers industriels ou commerciaux…

Comment reconnaître

Une ville compte de très nombreux habitants. Elle se compose surtout de grands immeubles. Au contraire, un village regroupe un petit nombre d'habitants. Il est souvent composé de maisons.

Document 1 : La ville de Marseille.

1. Quels différents types d'habitations vois-tu dans cette ville (Document 1) ?

Document 2 : Une rue de la ville.

une ville et un village ?

Document 3 : Le village de Saint-Christophe.

2. Quel type d'habitation vois-tu dans ce village (Document 3) ?
3. Qu'y a-t-il autour du village ?
4. Quelles différences y a-t-il entre cette rue (Document 4) et la rue de la ville (Document 2) ?
5. Habites-tu dans une ville ou dans un village ?

Document 4 : Une rue du village.

Comment vit-on en ville

La plupart des Français vivent en ville. Les autres vivent à la campagne. Selon l'endroit où ils habitent, ils ont des façons de vivre différentes.

Document 1 : Une rue en ville.

1. Observe les Documents 1 et 2. Quelles différences vois-tu entre ces deux endroits ?

Document 2 : Une route à la campagne.

2. Quels sont les avantages et les inconvénients à vivre dans chacun de ces endroits ?

et à la campagne ?

Document 3 : Des personnes dans un bureau.

Document 4 : Des agriculteurs dans les champs.

3. Que font les personnes sur le Document 3 ?
4. Que font ces agriculteurs (Document 4) ?
5. À ton avis, lesquelles de ces personnes (Documents 3 et 4) vivent à la campagne ?

Document 5 : Un centre commercial.

Document 6 : Un marché.

6. Qu'y a-t-il dans ce centre commercial (Document 5)
7. Que font ces personnes au marché (Document 6) ?
8. Lequel de ces lieux de commerce (Documents 5 et 6) se trouve dans une ville ? dans un village ? Comment le sais-tu ?

À la loupe : la campagne vue par

Document 1 :
Une ferme.

1. À ton avis, à quoi servent les différents bâtiments de cette ferme (Document 1) ?

Document 2 :
Le labourage d'un champ.

2. Quel matériel cet agriculteur utilise-t-il pour labourer son champ (Document 2) ?

3. À quelle saison de l'année laboure-t-on ?

Document 3 :
Les vendanges.

4. Que font les différentes personnes sur le Document 3 ?

un agriculteur

Document 4 : La traite des vaches.

5. Que fait-on à ces vaches ? Pourquoi ?

Document 5 : L'élevage de poulets.

6. Pourquoi l'agriculteur élève-t-il des poulets ?

LEXIQUE

Agriculteur : personne qui cultive la terre et élève des animaux.

Ferme : maison entourée de bâtiments où vit et travaille un agriculteur.

Céréale : plante qui donne des grains comme le blé ou le maïs.

BLOC-NOTES

Différencier ville et village

Une ville est un très grand groupe d'habitations, alors qu'un village est un petit groupe d'habitations. Une ville compte de nombreux habitants qui vivent souvent dans des immeubles. Dans les rues, il y a beaucoup de monde et de circulation.
Dans un village, il y a surtout des maisons ; les rues sont plus calmes. Champs et forêts entourent les villages : c'est la campagne.

Une vie bien différente

En ville, les rues sont très animées : de nombreux piétons et véhicules s'y déplacent. Les habitants travaillent surtout dans des bureaux. Ils font souvent leurs courses dans des centres commerciaux. Dans un village, les habitants peuvent faire leurs courses au marché sur la place du village.

Parfois, ils doivent se rendre en ville pour trouver ce qu'il n'y a pas dans le village : pharmacie, hôpital, cinéma…

Les activités agricoles

À la campagne, certains habitants sont **agriculteurs** et vivent dans des **fermes**. Ils cultivent des **céréales**, des légumes, des fruits, de la vigne ou élèvent des animaux (poules, vaches, porcs...). Ils utilisent beaucoup de machines : tracteurs, moissonneuses-batteuses…

Qu'est-ce qu'un architecte ?

Un architecte a pour métier de créer des bâtiments.

(a) L'architecte dessine les plans de l'intérieur et de l'extérieur du bâtiment qu'il veut construire. C'est une étape très importante de son travail.

(b) Les travaux de construction ont commencé. Sur le chantier, l'architecte contrôle que tout est construit comme ce qui était prévu sur ses plans.

Que dessine l'architecte sur ses plans ?

L'architecte dessine des plans avec son crayon, son compas et sa règle.
Il doit être très précis dans ses dessins.
Quand il dessine l'intérieur d'un appartement, l'architecte trace, sur son plan, tous les murs, toutes les portes et les fenêtres des différentes pièces.

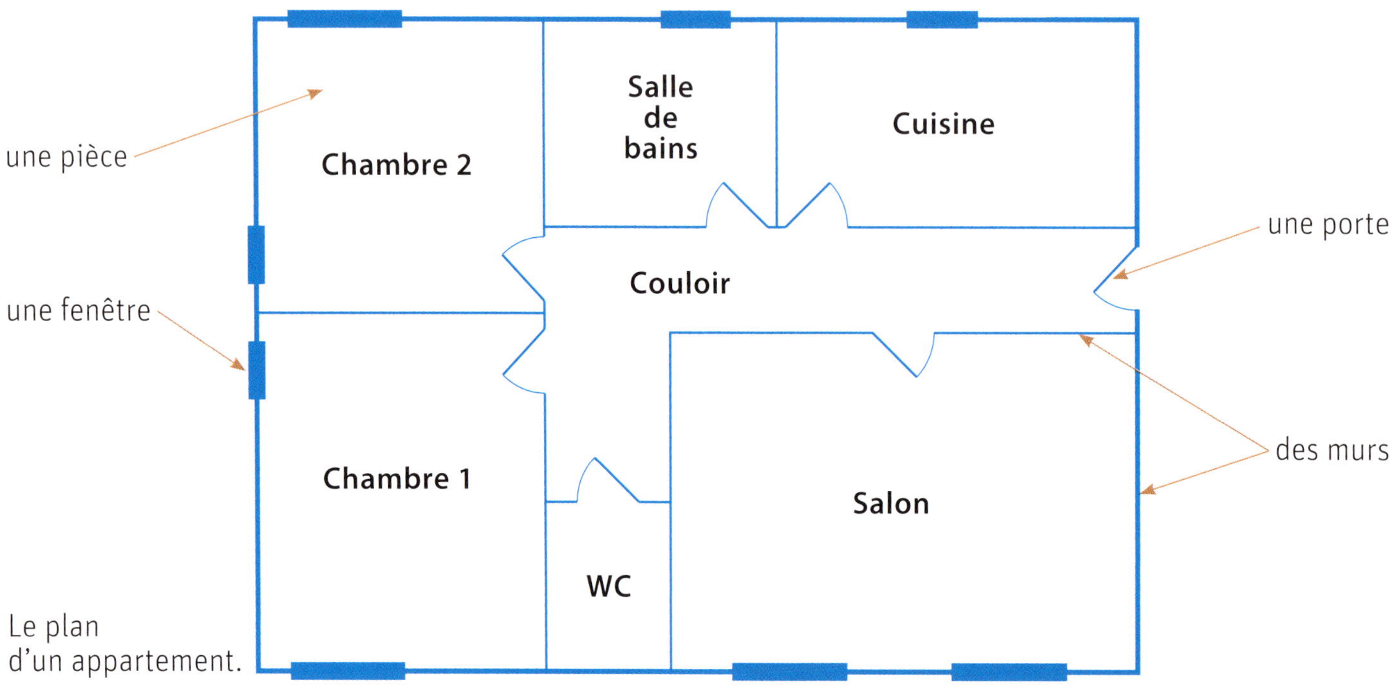

Le plan d'un appartement.

un plan d'architecte

JE DESSINE LE PLAN D'UN APPARTEMENT

À ton tour, tu vas réaliser le plan d'un appartement.

1. Note, dans un tableau, le nombre de pièces de ton appartement : salon, chambre, cuisine, salle de bain...

Pièces :	salon	cuisine	chambre	salle de bain	wc
Nombre :					

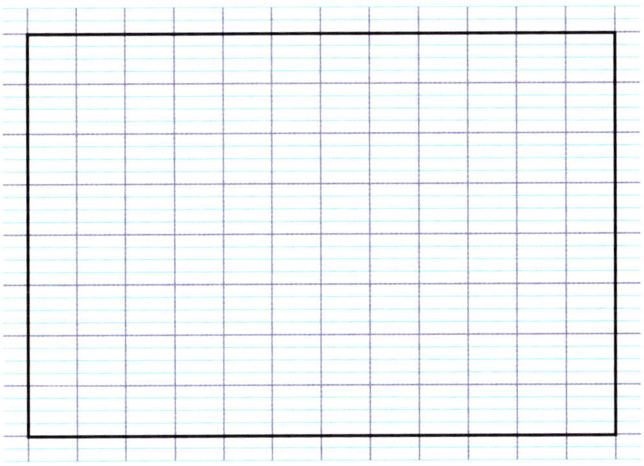

2. Dessine un cadre à la règle sur une feuille. Ce cadre représente les murs extérieurs de ton appartement.

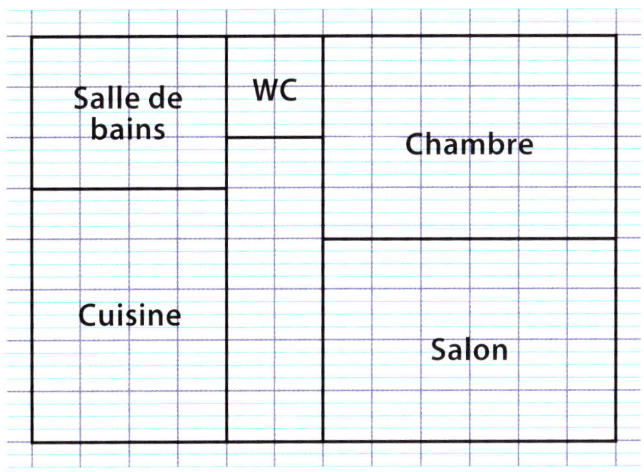

3. Dessine, ensuite, les murs de chacune des pièces à l'intérieur du cadre.

- Attention ! respecte bien la taille de chaque pièce. Ne fais pas les WC trop grands ou une chambre trop petite...
- Pense aux couloirs pour circuler.

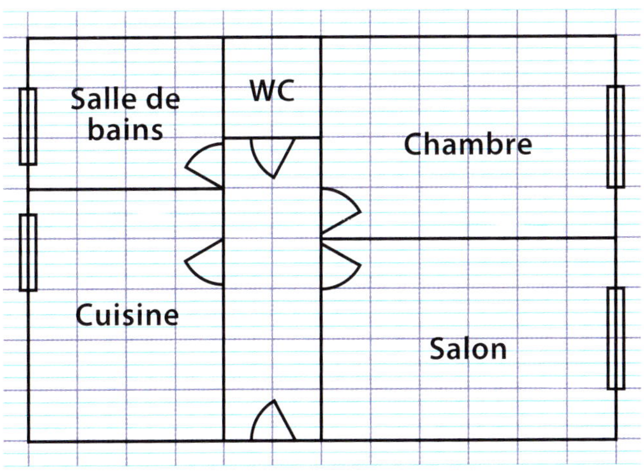

4. Indique les portes et les fenêtres.

- Fais une porte pour chaque pièce.
- Prévois une fenêtre pour les pièces principales : salon, chambre, cuisine.

Qu'est-ce qu'un paysage

**La mer est bordée par des côtes.
Certaines sont plates avec des plages de sable ou de galets.
D'autres sont en pente avec des rochers ou des falaises.**

Document 1 : Une côte le long de la mer Méditerranée.

1. Observe le Document 1. Décris ce que tu vois.
2. Qu'y a-t-il sur les bords de la côte ?

Document 2 : Les mers et l'océan autour de la France.

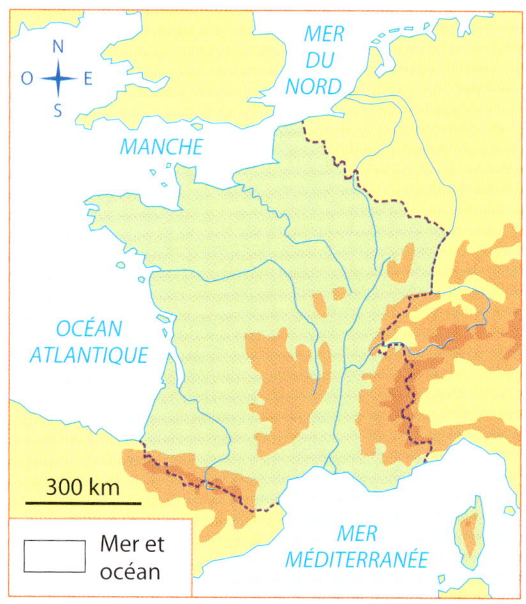

3. Quels sont les mers et l'océan qui bordent la France ?

Document 3 : Une plage de sable le long de l'océan Atlantique.

Document 4 : Une plage de galets le long de la Manche.

4. Quelles différences y a-t-il entre ces deux plages (Documents 3 et 4) ?

Document 5 : Des falaises le long de la Manche.

5. Décris ce bord de mer (Document 5).

Comment vivent les habitants

Les habitants des bords de mer sont nombreux.
Beaucoup vivent des produits de la mer et du commerce.
L'été, des personnes viennent pour les vacances : ce sont les touristes.

Document 1 : Des vacanciers sur une plage.

1. Que font les gens sur la plage ?
2. Quels bâtiments y a-t-il au bord de la plage ?

Document 2 : Un port de plaisance.

3. À quoi servent ces bateaux ?

au bord de la mer ?

Document 3 :
Un port de pêche.

4. Que font ces hommes ?
5. Qu'y a-t-il dans les caisses ?

Document 4 :
Un port de commerce.

6. Que vois-tu près du bateau ?
7. À quoi sert ce bateau ?

Document 5 : Un marais salant.

8. Qu'y a-t-il dans les bassins ?
9. Que récolte cet homme ?
10. Quels autres produits proviennent de la mer ?

À la loupe : la mer vue par

Document 1 : Le bateau d'un océanographe et son sous-marin.

1. Que transporte ce bateau à l'arrière ?
2. Où peut-on aller avec ce petit sous-marin ?
3. À ton avis, quel est le travail d'un océanographe ?

Document 2 : L'île de Moorea dans l'océan Pacifique.

4. Que vois-tu sur le Document 2 ?

Document 3 : De la pollution dans l'océan Indien.

5. Décris ce que tu vois sur le Document 3 ?
6. Pourquoi la tortue est-elle en danger ?

un océanographe

Document 4 : Un fond marin de l'océan Pacifique.

7. Qu'y a-t-il au fond de cet océan ?

LEXIQUE

Côte : bord de mer.

Espèce : famille d'animaux.

Océan : très grande mer.

Pollution : tout ce qui abime la nature.

Touriste : personne qui va à un endroit pour le plaisir.

BLOC-NOTES

Les paysages du bord de mer

La France est bordée par plusieurs mers (la mer Méditerranée, la mer du Nord, la Manche) et par un océan (l'océan Atlantique).

Ses bords de mer présentent des paysages variés : des plages de sable ou de galets, des **côtes** rocheuses, des falaises.

La vie des habitants

Les habitants des bords de mer sont nombreux. Ils vivent dans des villages ou des villes situés sur les côtes. Leurs activités sont souvent liées à la mer : la pêche, l'élevage de moules ou d'huîtres, la récolte du sel... Certains travaillent dans les grands ports de commerce.

L'été, beaucoup de monde vient pour les vacances. Ce sont des **touristes** : ils vont à la plage, font de la voile, du surf...

Le monde marin

Un océanographe navigue sur toutes les **océans** du monde : océan Atlantique, océan Pacifique, océan Indien...

Il étudie les fonds marins, les animaux qui y vivent et les plantes qui y poussent. Il observe et informe quand il y a de la **pollution** ou qu'une **espèce** risque de disparaître.

Il veille à la protection de la mer.

Qu'est-ce qu'un

**Parfois, la Terre n'est pas plate : il y a des montagnes.
Certaines ont des sommets très élevés et pointus.
D'autres ont des sommets peu élevés et arrondis.**

Document 1 : Des montagnes dans les Pyrénées.

1. Observe le Document 1. Décris ce que tu vois.
2. À ton avis, pourquoi y a-t-il de la neige au sommet des montagnes les plus hautes ?

Document 2 : Les montagnes en France.

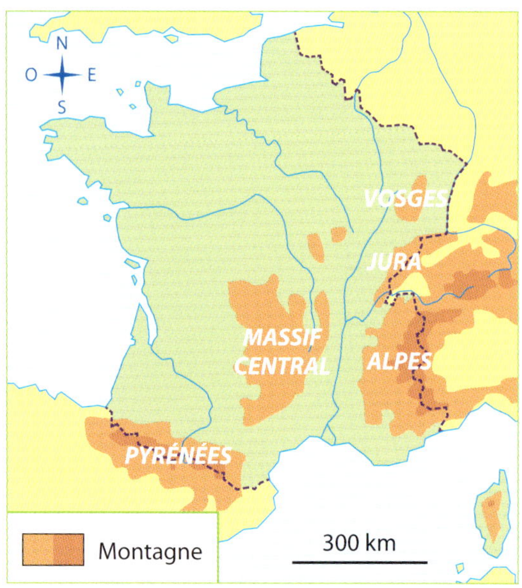

3. De quelle couleur sont représentées les montagnes sur la carte (Document 2) ?

paysage de montagne ?

Document 3 : Le Mont-Blanc dans les Alpes.

4. Quelles différences y a-t-il entre les montagnes des Alpes (Document 3) et les montagnes des Vosges (Document 4) ?

5. Où se trouvent ces différentes montagnes (Documents 1, 3, 4 et 5) sur la carte (Document 2) ?

Document 4 : Des montagnes dans les Vosges.

Document 5 : Des volcans dans le Massif central.

6. Que vois-tu sur les pentes des volcans (Document 5) ?

Comment vivent les habitants

Les habitants des montagnes ne sont pas très nombreux. Ils vivent surtout des activités du tourisme : ski, randonnée, escalade… Certains vivent de l'élevage. Leur vie est très différente selon les saisons.

Document 1 : Une station de sports d'hiver dans les Alpes.

1. Observe le Document 1.
Décris ce que tu vois.

2. À quelle saison cette photographie a-t-elle été prise ?

Document 2 : Des skieurs.

3. Où sont ces personnes (Document 2) ?

4. Que font-elles ? Pourquoi ?

à la montagne ?

Document 3 :
Des randonneurs.

Document 4 :
Un alpiniste.

5. Quelles activités pratiquent ces vacanciers (Documents 3 et 4) ?

Document 5 :
Un élevage de moutons dans les Pyrénées.

6. À quelle saison cette photographie a-t-elle été prise (Document 5) ?
7. Pourquoi les moutons sont-ils dans la montagne ?
8. Où sont-ils en hiver ?

À la loupe : la forêt vue par un

Document 1 : Des bûcherons.

1. Que font ces hommes (Document 1) ? Pourquoi ?

Document 2 : Une plantation de jeunes arbres.

2. À ton avis, pourquoi de jeunes arbres ont-ils été plantés à cet endroit ?

Document 3 : De la pollution dans une forêt.

Document 4 : Un panneau à l'entrée d'une forêt.

3. Que vois-tu dans cette forêt (Document 3) ?

4. Que peut-on faire pour éviter ça ?

5. Quels dangers menacent la forêt (Documents 3 et 4) ?

garde-forestier

Document 5 : Une marmotte.

6. Où vivent les marmottes ?

7. À quelle saison cette photographie a-t-elle été prise ?

LEXIQUE

Sommet : partie la plus élevée de la montagne.

Station : ville qui a été créée pour accueillir des touristes.

Volcan : montagne qui projette, par son sommet, des matières brûlantes venant de l'intérieur de la Terre.

BLOC-NOTES

Les paysages de montagne

En France, il existe différents paysages de montagne :

– ceux où les montagnes ont des **sommets** élevés et pointus (les Alpes et les Pyrénées) ;

– et ceux où les montagnes ont des sommets peu élevés et arrondis (le Massif central, les Vosges et le Jura).

Certaines montagnes du Massif central sont de vieux **volcans** éteints.

La vie des habitants

Les habitants des montagnes ne sont pas très nombreux. Ils vivent dans des villages ou des **stations** de sports d'hiver.

Leurs activités sont très différentes selon les saisons à cause de la neige. Ils sont moniteurs de ski, guides de randonnées, professeurs d'escalade, secouristes…

Certains élèvent des animaux : vaches, moutons, chèvres…

La protection des forêts

Les forêts sont nombreuses en montagne.

Le garde-forestier a pour mission de surveiller tout ce qui s'y passe (la coupe des arbres, la chasse…), de protéger les animaux et les plantes, et d'éviter les incendies et la pollution.

Comment est

La Terre a la forme d'une boule. Elle est recouverte de terres et de mers. Elle compte 6 continents et 5 océans très vastes. On l'appelle « la planète bleue ».

Document 1 : La Terre vue de l'espace.

1. À ton avis, d'où a été prise cette photographie ?
2. Quelle forme a la Terre ?
3. Quelles sont les différentes couleurs de la Terre ?
4. Que représente chacune de ces couleurs ?

la Terre ?

Document 2 : Un globe terrestre.

5. Que représente ce globe ?
6. Où sont les Pôles ?
7. À ton avis, que faut-il faire pour voir toute la Terre ?

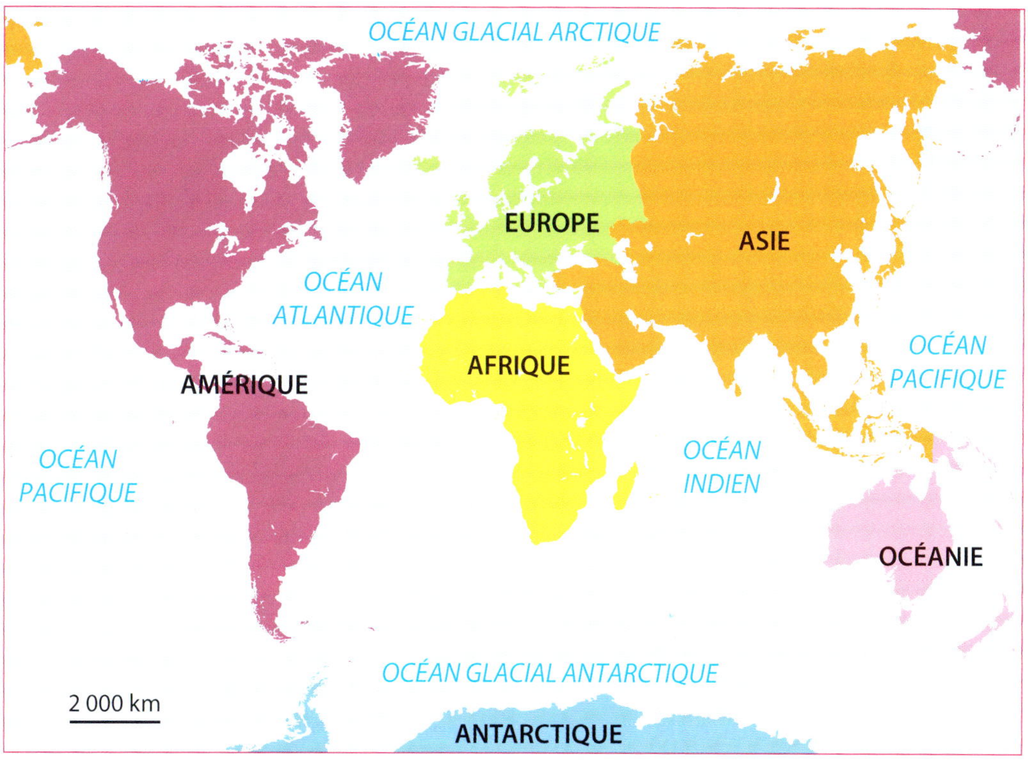

Document 3 : Un planisphère.

8. Observe ce planisphère. Que représente-t-il ?
9. Repère les 6 continents et les 5 océans.
10. Quelles différences remarques-tu entre le globe (Document 2) et le planisphère (Document 3) ?

Où se trouve la France

**La France est située en Europe,
mais il existe aussi d'autres territoires français dans le monde.**

Document 1 : L'Europe vue de l'espace.

1. À ton avis, d'où a été prise cette photographie ?
2. Quel continent montre-t-elle ?
3. Où se trouve la France sur cette photographie ?
4. Qu'y a-t-il autour de la France ?

Document 2 : La France.

5. Comment s'appelle ce type de document ?

6. Quels sont les pays qui touchent la France ?

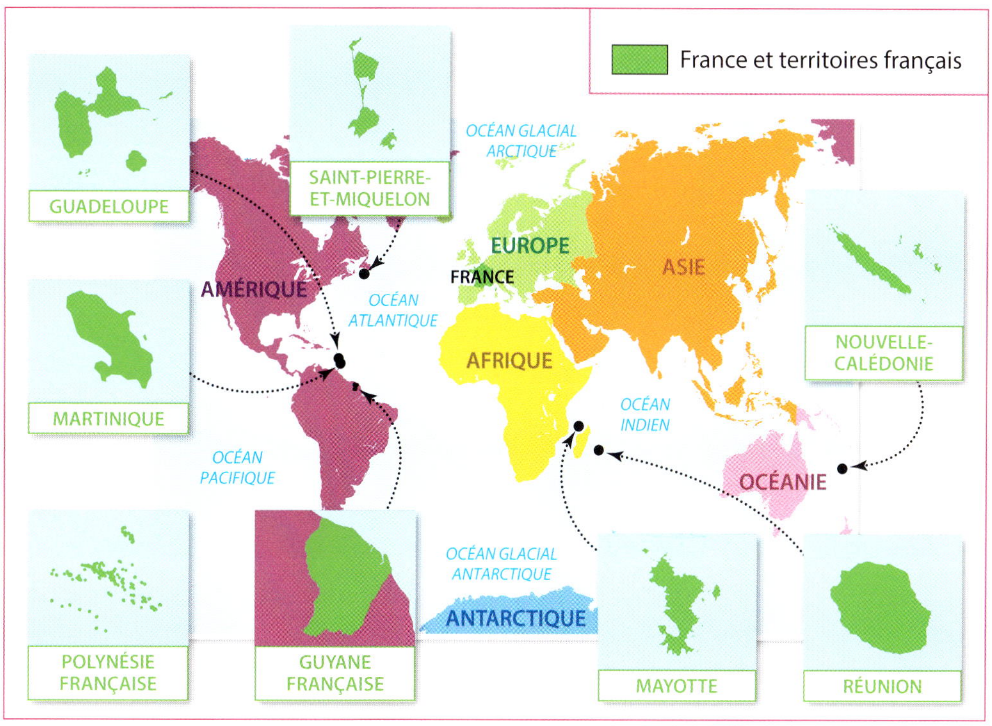

Document 3 : La France dans le monde.

7. Sur quel continent se trouve la Guyane ?

8. Dans quel océan se situe l'île de la Réunion ?

À la loupe : l'espace vu par

Document 1 : Un satellite.

Document 2 : Une navette spatiale.

1. D'où ces photographies ont-elles été prises (Document 1 et 2) ?
2. Que vois-tu derrière le satellite (Document 1) ?

Document 3 : Un dessin de la Terre et des autres planètes dans le système solaire.

3. Combien de planètes le système solaire compte-t-il ?
4. Quelles sont les planètes qui sont plus proches du Soleil que la Terre ?

Document 4 : La Terre.

5. À ton avis, qu'est-ce qui éclaire la Terre en haut à droite ?

LEXIQUE

Continent : très grande étendue de terre.

Globe : objet en forme de boule.

Planète : astre qui tourne autour du Soleil.

Planisphère : carte de la Terre.

Satellite : engin spatial qui tourne autour de la Terre.

Système solaire : ensemble des planètes qui tournent autour du Soleil.

BLOC-NOTES

La Terre

La Terre a la forme d'une boule. Elle est recouverte de terres et de mers et entourée d'une couche d'air où se forment les nuages.

La Terre compte 6 **continents** : l'Afrique, l'Amérique, l'Antarctique, l'Asie, l'Europe, l'Océanie ; et 5 océans : l'océan Glacial Antarctique, l'océan Glacial Arctique, l'océan Atlantique, l'océan Indien et l'océan Pacifique.

Pour représenter la Terre, on utilise un **globe** ou un **planisphère**.

La France sur la Terre

La France est située en Europe. Elle est bordée par la mer du Nord, la Manche, l'océan Atlantique, la mer Méditerranée et par plusieurs pays : l'Allemagne, la Belgique, l'Espagne, l'Italie, le Luxembourg et la Suisse.

Il existe aussi des territoires français situés dans d'autres parties du monde.

La Terre dans l'espace

Grâce aux **satellites** qu'il envoie dans l'espace, l'homme peut photographier la Terre.

Les fusées et les navettes spatiales permettent aux astronautes d'aller dans l'espace et d'y observer la Terre. C'est une petite **planète** dans le **système solaire**.

Petit dictionnaire de l'espace

A

Agriculteur : personne qui cultive la terre et élève des animaux.

C

Céréale : plante qui donne des grains comme le blé ou le maïs.

Continent : très grande étendue de terre.

Côte : bord de mer.

E

Espèce : famille d'animaux.

F

Ferme : maison entourée de bâtiments où vit et travaille un agriculteur.

G

Globe : objet en forme de boule.

H

Habitation : endroit où l'on vit.

L

Lieu organisé : espace séparé en plusieurs activités.

M

Maquette : représentation en volume et en modèle réduit d'un objet, d'une maison...

Métro : train qui circule sous terre dans une ville.

O

Océan : très grande mer.

P

Planète : astre qui tourne autour du Soleil.

Planisphère : carte de la Terre.

Pollution : tout ce qui abime la nature.

Position : place qu'occupe un objet ou une personne.

R

Représentation : copie de quelque chose sous la forme d'un dessin, d'une maquette, d'un plan, d'une carte…

S

Satellite : engin spatial qui tourne autour de la Terre.

Sommet : partie la plus élevée de la montagne.

Station : ville qui a été créée pour accueillir des touristes.

Système solaire : ensemble des planètes qui tournent autour du Soleil.

T

Touriste : personne qui va à un endroit pour le plaisir.

Tramway : train qui circule dans les rues d'une ville.

U

Urbaniste : personne qui s'occupe de l'organisation des quartiers et de leur construction dans une rue.

V

Volcan : montagne qui projette, par son sommet, des matières brûlantes venant de l'intérieur de la Terre.

Achevé d'imprimer en France par Loire Offset Titoulet - Dépôt légal : Mai 2017 - Collection n° 74 - Édition 03 - 11/8137/9